Max Büdinger

Zur Egyptischen Forschung Herodots

Salzwasser

Max Büdinger

Zur Egyptischen Forschung Herodots

1. Auflage | ISBN: 978-3-84607-475-6

Erscheinungsort: Paderborn, Deutschland

Erscheinungsjahr: 2015

Salzwasser Verlag GmbH, Paderborn.

Nachdruck des Originals von 1873.

Max Büdinger

Zur Egyptischen Forschung Herodots

Salzwasser

ZUR

EGYPTISCHEN FORSCHUNG

HERODOT'S.

EINE KRITISCHE UNTERSUCHUNG

VON

MAX BÜDINGER

CORRESP. MITGLIEDE DER KAIS. AKADEMIE DER WISSENSCHAFTEN.

WIEN, 1873.

IN COMMISSION BEI KARL GEROLD'S SOHN

BUCHHÄNDLER DER KAIS. AKADEMIE DER WISSENSCHAFTEN.

Aus dem Decemberhefte des Jahrganges 1872 der Sitzungsberichte der phil.-hist. Classe der kais. Akademie der Wissenschaften (LXXII. Bd. S. 563) besonders abgedruckt.

Druck von Adolf Holzhausen in Wien
k. k. Universitäts-Buchdruckerei.

§. 1. Gesammtanlage des Werkes.

Die Redaction des uns vorliegenden herodoteischen Geschichtswerkes bestimmt Kirchhoff,[1] indem er von der Voraus-
setzung ausgeht, dass die Arbeit auch in der uns vorliegenden
Reihenfolge ihrer Stücke geführt sein müsse und die so häu-
figen Anspielungen auf gleichzeitige Ereignisse als entscheidende
Beweise für die Entstehung der einzelnen Theile anzusehen
seien. Wenn gegen die letztere Annahme schon bemerkt worden ist,[2] dass eine frühere Abfassung spätere Hinzufügungen
nicht schlechthin ausschliesse, so ist vollends nicht leicht ab-
zusehen, wie der Beginn des siebenten Buches sich anders als
aus dem Umstande erklären lasse, dass derselbe den Anfang
einer selbständigen Darstellung bilde.

Es ist schon von anderer Seite erörtert worden, dass hier
(III, 1—10) eine ganze Reihe von Personen, die der Leser aus

---

[1] Ueber die Abfassungszeit des herodoteischen Geschichtswerkes. Abh.
der Berliner Akademie 1868 und ‚nachträgliche Bemerkungen‘ hiezu,
ebendas. 1871.

[2] G. Rawlinson, history of Herodotus 2nd ed. London 1862, I. 21, hebt
einige derartige ‚parenthetische‘ Stellen mit Rücksicht auf die nun abge-
thane angebliche Gesammtabfassung in Thurii hervor.

1*

den jetzt vorhergehenden Theilen längst kennt — Darius und
sein Bruder Artabanus, Mardonius, der Spartanerkönig Demaratos — noch einmal wie Unbekannte mit den Namen ihrer
Väter genannt sind; dazu wird ein so ausführlich (V, 101) ge-
schildertes Ereigniss, wie die Verbrennung von Sardes noch
einmal als nicht zu vergessende Beleidigung der Perser erwähnt.

Wenn Kirchhoff in überzeugender Weise die Glaubwür-
digkeit der Nachrichten betont,[1] welche beides, die Vorlesung
von herodoteischen Büchern und des Autors Belohnung mit der
hohen Summe von zehn Talenten aus dem atheniensischen
Staatsschatze zwischen Mitte 446 und 444 versichern, so dürfte
doch schwer zu begreifen sein, wie die uns jetzt vorliegenden
dritthalb ersten Bücher[2] diese gewiss richtige Angabe erklären
sollen. Denn von dem zweiten Buche wird man kaum annehmen können, dass es für öffentlichen Vortrag vor einem an
kunstgemässe Ordnung gewöhnten Publicum besonders geeignet,
noch in seinem losen Gefüge darauf angelegt sei, durch span-
nende Darstellung zu fesseln. Und wenn auch der Antragsteller
Anytos, wie Kirchhoff[3] annimmt, auf Perikles' Veranlassung
zu Gunsten des Geschichtschreibers aufgetreten ist, so wird
doch Niemand sagen können, wie die Honorirung eines Autors
mit einer Summe, welche genau der für Bestechung der Spartaner zur Abwendung dringendster Staatsgefahr aufgewendeten[4]

---

[1] Abfassungszeit, S. 11.

[2] Bis III, 88. Kirchhoff, Abfassungszeit 6. Bemerkungen S. 56 setzt er ‚die
Abfassungszeit der drei ersten Bücher in die Zeit von etwa 445 bis Anfang 443'.

[3] Abfassungszeit 11.

[4] τοῦ Περικλέους ἐν τῷ τῆς στρατηγίας ἀπολογισμῷ δέκα ταλάντων ἀνάλωμα γρά-
ψαντος ἀνηλωμένων εἰς τὸ δέον d. h. für Kleandridas' Bestechung ὁ δῆμος
ἀπεδέξατο μὴ πολυπραγμονήσας μηδ' ἐλέγξας τὸ ἀπόρρητον. Nach Anderen
habe er jährlich die gleiche Summe für Bestechungen in Sparta aufge-
wendet. Plut. Pericles 22. Das dürfte der Scholiast zu Aristophanes'
Wolken V. 859 (ed. Didot p. 118) auf eigene Hand aus Ephoros — der
für Plutarch wie für ihn die Quelle ist (vgl. Sauppe, die Quellen Plu-
tarchs für das Leben des Pericles. Göttingen 1868. S. 35) — zusammen-
gezogen haben, wenn er von zwanzig εἰς τὸ δέον verrechneten Talenten
spricht und fortfährt: φησὶ δὲ ῞Εφορος ὅτι μετὰ ταῦτα μαθόντες οἱ Λακεδαι-
μόνιοι Κλεανδρίδην μὲν ἐδήμευσαν κ. τ. λ.

entspricht, mit den dritthalb ersten, Athen kaum (I, 59—65;
II, 7, 177, allenfalls I, 29—34, 86; II, 156) berührenden Büchern
allein begründet werden konnte. Dazu stelle man sich vor,
dass beide Posten in demselben Jahre[1], oder doch in zwei auf
einander folgenden verausgabt und in der Volksversammlung
erwogen worden sein müssen.

Wenn dagegen Herodot die drei letzten Bücher des uns
vorliegenden Werkes — abgesehen von den Hinzufügungen
seiner späteren Jahre und damals schon redigirten und publi-
cirten früheren Abschnitten — bald nach dem Abschlusse des
dreissigjährigen Friedens mit Sparta (Anfang d. J. 445) in
Athen öffentlich vorlas, so begreift man beides, die Begeiste-
rung der Hörer und die ungewöhnliche Belohnung des Autors.

Denn hier zuerst lag eine künstlerisch geordnete und zu
mündlichem Vortrage vorzüglich geeignete Erzählung der Thaten vor, welche die Athener im Bunde eben mit den Spartanern
gegen den grossen Nationalfeind vollbracht hatten. Mit der
siegreichen Heimkehr nach Griechenland[2] von der dem Tro-
janerkriege vergleichbaren Fahrt nach dem Osten und speciell
der Athener nach der von ihnen allein vollendeten Eroberung
von Sestos war ein würdiger Abschluss[3] der Geschichte wie
der alten Allianz, so des Befreiungskampfes gegeben.

Mit ihren eigenen Thaten war aber der Vorleser in der
Lage, den Athenern auch authentische Kunde von den Vor-
gängen im Lager des Xerxes durch genaue Mittheilungen zu

---

[1] Der betreffende Einfall der Spartaner unter Pleistoanax und Kleandridas
fällt in das Jahr 446; vgl. Schäfer, de rerum post bellum Persicum —
gestarum temporibus (Lips. 1865) p. 7.

[2] Ταῦτα δὲ ποιήσαντες ἀπέπλωον (οἱ Ἀθηναῖοι) ἐς τὴν Ἑλλάδα τά τε ἄλλα χρή-
ματα ἄγοντες καὶ δὴ καὶ τὰ ὅπλα τῶν γεφυρέων ὡς ἀναθήσοντες ἐς τὰ ἱρά.
IX, 121. Das folgende, letzte Capitel aus der Ahnengeschichte des nach
der Einnahme von Sestos geopferten Satrapen ist ein Nachtrag zu der
Cap. 116 erzählten eigenen Vorgeschichte dieses Beamten, dem Autor
erst bei einer spätern Redaction bekannt geworden und in unserm Text
an den unrechten Ort gerathen.

[3] Mit dieser Beschränkung auf die drei letzten Bücher wird man die Meinung G. Rawlinson's (Herod. IV, 389 n.) billigen können, dass das Werk
historisch und künstlerisch, wenn nicht gänzlich zu Ende gebracht, doch
abgeschlossen (concluded) sei: the tail of the snake is curved round into
his mouth, meint der Vfr. mit seltsamer Emphase.

geben, welche er kleinasiatischen fürstlichen Geschlechtern, dem seiner Vaterstadt und namentlich der in Mysien lebenden Familie des vertriebenen Spartanerkönigs Demaratos, wenn nicht Aufzeichnungen dieses einsichtigen Verbannten selbst zu danken hatte. [1] Es sind das Nachrichten, welche sich nach ihrem Quellenwerthe den von Thukydides später benutzten des Themistokles vergleichen lassen, für die Athener aber die erwünschteste Ergänzung für die Hergänge ihrer ruhmvollen Befreiungskämpfe bildeten.

§. 2. Charakter des zweiten Buches.

Wenn es nach allen diesen Erwägungen unwahrscheinlich ist, dass Herodot's Werk in der uns vorliegenden Ordnung seine erste Redaction erhalten habe, und zuerst zur Veröffentlichung gelangt sei, so dürfte doch eine Reihe der von Kirchhoff angestellten Beobachtungen für die Schlussredaction der Arbeit als bleibender Gewinn der Forschung anzusehen sein. [2]

---

[1] Die Phrase von erfundenen Reden trifft nicht für die Unterredungen Demarats mit Xerxes (III, 101—105, 209, 234—239), dessen Lachen (103, 105) und Berührung (238) so sorgfältig notirt sind. (Man vergleiche dazu die Wunder und Reden VI, 61, 68, 69) Die Anecdote III, 239 ist aber ein Nachtrag aus anderer und schwerlich guter Quelle. — Eine Analogie bieten die den gewöhnlichen Vorstellungen so ganz widersprechenden und doch sonst belegbaren Nachrichten über Darius und auch über sein Verhältniss zu Atossa (III, 134), die nur auf Demokedes zurückgehen können, wie auch Kirchhoff, Abfassungszeit S. 14, anzunehmen scheint, indem er den ganzen auf Demokedes bezüglichen Abschnitt III, 129—138 auf ‚Localtradition von Kroton und Tarent‘ zurückführt; aber ‚an sich unbedeutend‘ ist dieser Abschnitt gewiss nicht, da er zahlreiche Aufschlüsse von hoher Wichtigkeit für den skythischen wie den griechischen Krieg enthält.

[2] Auch für unsere Zwecke wichtig sind namentlich die Beweise, dass III, 118 flgde, als in einer für echt zu haltenden Stelle der Antigone v. 905 benutzt, vor deren Vollendung Spätherbst 442 publicirt gewesen sein müsse (Abfassungszeit 9 flg.), und dass I, 51 nach Sommer 447 zu setzen ist (Bemerkungen 50—56). Die persischen Geschichten würden hienach mit Ausschluss des zweiten Buches, sowie der Episode von Demokedes und der von Zopyros (III, 150—160), welche letztere mündlicher Mittheilung des um d. J. 438 (Kirchhoff, Entstehungszeit 16) nach Athen geflüchteten Enkels desselben entstammen dürfte — als ein vielleicht nur

Unseres Autors ethnographisch-historische Darstellung Egyptens — die Αἰγύπτιοι λόγοι, wie er die Arbeit gleich seinen assyrischen,[1] seinen libyschen (II, 161, IV, 159—200) Darstellungen und anderen Elementen seiner Sammlung genannt haben dürfte — d. h. vom zweiten Capitel des zweiten Buches bis zum Ende desselben bildet aber durchaus ein geschlossenes Ganzes, für dessen Einfügung in die uns jetzt vorliegende Gesammtgestaltung des Werkes chronologische Anhaltspunkte äusserer Art schlechterdings nicht vorliegen.

Denn unmittelbar schliesst sich an das Ende des ersten Capitels des zweiten Buches der Anfang des dritten Buches an: Kambyses, heisst es dort, unternahm den Feldzug gegen Egypten ἄλλους τε παραλαβὼν τῶν ἦρχε καὶ δὴ καὶ Ἑλλήνων τῶν ἐπεκράτεε; hier aber wird fortgefahren Ἰωνάς τε καὶ Αἰολέας δι' αἰτίην τοιήνδε, so dass der Leser in ungestörtem Zusammenhange bleiben würde, wenn auch das Stück über Egypten fehlte. Der auf uns gekommene Text aber zeigt eine doppelte Redac-

---

bis zur Uebergabe von Samos an Syloson (III, 149 §. 1), vielleicht bis zu einem andern nachweislichen Schlusspunkte schon damals, zwischen 447 und 442, geführtes Ganzes zu betrachten sein.

[1] Wenn Kirchhoff annimmt, dass für die I, 106 und I, 184 in Aussicht gestellten Ἀσσύριοι λόγοι die Geschichte des babylonischen Aufstandes gegen Darius (III, 150—160) ‚die nächste und passendste, ja einzige Gelegenheit‘ (Abfassungszeit 4) geboten habe, so ist einerseits zu bemerken, dass die Geschichte dieses Aufstandes selbst einen rein episodischen Charakter trägt, dessen Quelle naheliegt (vergl. die vorige Anm.), anderseits aber hervorzuheben, dass H. wie die libyschen, so die skythischen und die (I, 95) zur Einleitung der persischen Reichsbildung verwendeten lydischen Geschichten, ja die seiner eigenen kleinasiatischen Landsleute (I. 142—150), nie bei Gelegenheit eines Aufstandes, sondern jedesmal vor dem entscheidenden Eroberungszuge der Perser einreiht. Wenn er sich nun bei Gelegenheit der Eroberung von Babylon, nach seiner Anschauung eines Theiles von Assyrien (I, 106, 192; III, 92), mit einigen speciell babylonischen Geschichten und Schilderungen begnügt, die Gesammtheit der assyrischen aber noch zurücklegt, so dürfte er für diese aus seinem Materiale eine ähnliche Darstellungsform wie für die egyptischen beabsichtigt haben, die ja auch erst nachträglich eingefügt und vermuthlich ausgearbeitet worden sind. Immerhin glaubte Herodot den Nachrichten über Egypten den grössten Umfang geben zu müssen, weil sich hier (II, 35) ‚das meiste Bewunderungswürdige und die grössten Werke‘ finden.

tionsänderung. Im dritten Buche findet sich zunächst die noth-
wendige Wiederanknüpfung nach dem eingeschobenen Stücke:
gegen den eben geschilderten Amasis zog Kambyses ἄγων καὶ
ἄλλους τῶν ἦρχε καὶ Ἑλλήνων Ἴωνάς τε καὶ Αἰολέας δι' αἰτίην τοιήνδε.
Es ist nun aber auch der vor der Einschiebung stehende Satz
umgeformt worden. Kambyses, heisst es jetzt II, 1, betrachtete
die Jonier und Aeoler als ob sie Sclaven aus seinem väter-
lichen Erbe wären: Ἴωνας μὲν καὶ Αἰολέας ὡς δούλους πατρωίους
ἐόντας ἐνόμιζε, und unternahm einen Feldzug gegen Egypten, bei
welchem er unter anderen Unterthanen in der That auch Hel-
lenen seiner Herrschaft mitnahm: ἐπὶ δὲ Αἴγυπτον ἐποιέετο στρα-
τηλασίην ἄλλους τε παραλαβὼν τῶν ἦρχε καὶ δὴ καὶ Ἑλλήνων τῶν
ἐπεκράτεε. Der Unwille über die Heeresfolge seiner Landsleute
gegen Egypten, an sich schon eine seltsame Einleitung für die
Geschichte des Feldzuges — wie denn diese Heeresfolge im
ersten Capitel des dritten Buches ganz unbefangen erzählt
wird — ist vollends unverständlich in einem Satze, der den
Uebergang zur Darstellung Egyptens bilden soll: die Egypter,
erzählt unser Autor zunächst, hielten sich vor Psammetich für
die älteste Nation. Ob nun aber die wenig glückliche Verände-
rung des ursprünglichen Satzes überhaupt nicht von späterer
Hand herrühre [1] oder Herodot zuzutrauen sei, das zu entscheiden muss ich der Prüfung besserer Kenner seines Sprachge-
brauches überlassen.

Bleibt es nach diesen Erwägungen und bei dem Mangel
eigener chronologischer Anhaltspunkte des zweiten Buches un-
entscheidbar, wann die egyptischen Geschichten in die höchst
wahrscheinlich vor dem Spätherbst 442 bis zur Eroberung von
Samos (III, 149) abgeschlossenen früheren persischen Geschichten eingereiht worden seien, so ist ein Zweifel über das
Local der Redaction dieses eingereihten Abschnittes schwerlich
zulässig. Mit Recht hat Kirchhoff [2] hervorgehoben, dass nur
Athen hiefür denkbar sei. Denn wenn auch der Schlusssatz

---

[1] Nur einer solchen wird man doch auch die ganz unmotivirte und im
Munde eines Griechen des fünften Jahrh. v. Chr. seltsame Insulte zu-
schreiben können, die sich jetzt in der griechischen Version von Psammetich's Verfahren, um zur Ursprache der Menschheit zu gelangen, findet
II, 3 (Ἑλληνες δὲ λέγουσιν) ἄλλα τε μάταια πολλὰ καὶ (ὡς κ. τ. λ.).

[2] Abfassungszeit, 13.

von Capitel 177, nach welchem ein in Athen noch giltiges
Solonisches Gesetz aus Egypten herübergenommen sei, später
hinzugefügt sein könnte, so gehört doch (II, 7) die Verdeut-
lichung der Entfernung von Heliopolis zum Meere nach einem
von einem stadtathenischen Locale aus gerechneten Punkte so
ganz wesentlich zum Zusammenhange, dass sie ein anderes Local
der Ausarbeitung als Athen unwahrscheinlich macht. Am wichtigsten aber scheint mir, dasselbe zu erweisen, die Beziehung auf
Aeschylos' Dichtungen (II, 156). Vielleicht lässt sich Kirchhoff's
Anschauung bestreiten, dass er dieselben ,nirgends anderswo
als eben in Athen' kennen gelernt haben könne; denn in
Sicilien waren sie von des Dichters Aufenthalte in Syrakus
her [1] doch wohl auch bekannt genug und den Colonisten von
Thurii sowohl von dort, wie von der Heimath zugänglich. Aber
die lebhafte, fast leidenschaftliche Form, [2] in welcher Herodot
gegen andere Meinungen die Behauptung aufstellt, Aeschylus
habe die Erfindung, dass Artemis der Demeter Tochter sei,
den Egyptern entlehnt — diese erregten Worte bleiben unverständlich, wenn man nicht annimmt, dass eine andere Meinung
verbreitet war, oder von bedeutender Seite vertreten wurde;
eine so eingehende Beschäftigung mit dem Dichter wird jedoch
ausserhalb Athens kaum angenommen werden können.

Näher als sonst ersichtlich hat sich der Geschichtschreiber in diesem Abschnitte an die Methode seiner Erforschung
auch bei der Ausarbeitung gehalten. Sein Schema ist freilich
ein sehr einfaches. Bis hieher [3] sagt er uns, (II, 99) reiche
seine eigene Beobachtung; von nun an wolle er die Mittheilungen der Egypter, wie er sie vernommen habe, vortragen,
doch werde sich dabei auch etwas von seiner eigenen Beobachtung finden. Sieht man nun näher zu, so hat er wohl auch
früher eine Anzahl derartiger Mittheilungen, darunter die ihm
sehr wichtige der thebanischen Priesterschaft (II, 54 flgde) über
das Verhältniss des Amon zum Zeus von Dodona, über das

---

[1] Bernhardy, Grundriss der griechischen Literatur. 3. Aufl. 1872. II, 242.

[2] 'Εκ τούτου δὲ λόγου καὶ οὐδενὸς ἄλλου Αἰσχύλος ὁ Εὐφορίωνος ἥρπασε τὸ ἐγὼ
φράσω.

[3] Μέχρι μὲν τούτου ὄψις τε ἐμὴ καὶ γνώμη καὶ ἱστορίη ταῦτα λέγουσά ἐστι, τὸ
δὲ ἀπὸ τοῦδε Αἰγυπτίους ἔρχομαι λόγους ἐρέων, κατὰ ἤκουον· προσέσται τε
αὐτοῖσί τι καὶ τῆς ἐμῆς ὄψιος.

Alter des Moeris-Sees (II, 13) und im Grunde auch die auf den
Ursprung des Nil bezüglichen (II, 31). Im Ganzen aber zeigt
die Darstellung noch ganz genau die beiden Hauptrichtungen
seiner Forschung und die planmässige Sonderung seiner an
Ort und Stelle gemachten Aufzeichnungen.

§. 3. Zeit der egyptischen Reise.

Bei der Aufführung der von Darius eingerichteten Sa-
trapien führt Herodot (III, 91) ganz unbefangen auch die
egyptische mit ihrem Ertrage auf. Man darf sonach annehmen,
dass das Land bei der Redaction dieses Theiles der Arbeit,
also der älteren persischen Geschichten, sich nicht im Auf-
stande gegen den König befunden habe. Dem entspricht, dass
nach Kirchhoff's Beweisen[1] das erste und dritte Buch — das
letztere, wie wir sagen müssen,[2] bis zur Geschichte des babylonischen Aufstandes — zwischen dem Sommer 447 und dem
Spätherbste 442, da Sophokles das dritte in der Antigone be-
nutzte, ihre jetzige Redaction erhalten haben. Hiemit stimmt,
wenn in demselben Zusammenhange (III, 15) von unserem Geschichtschreiber erwähnt wird, dass der Sohn des Rebellen Amyrtaios, — den er freilich selbst, wie später Manetho, zu den legitimen
Landeskönigen zählt[3] — von den Persern in die Würde seines
Vaters hergestellt worden sei; das ist aber erst nach dem Sommer 449 geschehen.[4] Da nun unmittelbar vorher erzählt wird
(III, 12), dass Herodot das Schlachtfeld von Papremis besucht
habe, auf dem Amyrtaios mächtigerer Verbündeter, der Libyer-
könig Inaros, die Perser im Jahre 460[5] besiegte, so ist an
sich gewiss, dass des Autors egyptische Reise nach dem Jahre
460 und vor Spätherbst 442, höchst wahrscheinlich, dass sie
auch vor seine Auszeichnung in Athen zwischen dem Sommer
446 und 444 gehört. In der Beschreibung Egyptens (II, 63)
erwähnt er überdies Stadt und Culte von Papremis aus eigener
Anschauung.

---

[1] Vgl. oben S. 566, Anm. 2.
[2] Vgl. oben S. 567, Anm. 1.
[3] — οἱ πρότεροι γενόμενοι βασιλέες Ἀμυρταίου. II, 140.
[4] Thukydides I, 112.
[5] Schäfer l. l. 18, 22.

Nun hat Herodot das Land bis nach Elefantine im Süden
und das ganze Deltaland im Norden bereisen, das Letztere,
wenn auch ungenau genug,[1] vermessen können und überall
freundliche Information, namentlich von der Priesterschaft erhalten. Egypten erscheint bei ihm durchaus ungetrennt und in
einem Zustande des Friedens.

Zwischen den eben gewonnenen Zeitgrenzen liegen aber
zwei Epochen einheitlicher und friedlicher Regierung des Landes. Die eine nach der Schlacht von Salamis im Sommer 449.[2]
Die Frage, ob in diesem oder einem der nächstfolgenden Jahre
ein Vertrag zwischen Athen und dem Perserkönig verabredet
worden sei, der ohnehin, wenn abgeschlossen, eine ‚praktische
Bedeutung‘ nie erlangt hat,[3] darf hier unerörtert bleiben. Sicher
trat aber ein factischer Zustand der Ruhe ein, welcher einem
griechischen Reisenden vielleicht den Besuch Egyptens, Sy-
riens[4] und Babylons in einem der nächsten Jahre ermöglichte.
Ob einem solchen Reisenden freilich bei der noch frischen Erinnerung an die Gefährdung der Landesherrschaft durch Athen
Landvermessungen und so vielfache Erkundigungen von den
Persern in Egypten gestattet worden wären, lässt sich vielleicht bezweifeln.

Die andere Friedensepoche ist die von Inaros', oder wenn
man nach Thukydides' Worten[5] will, ‚der Athener Herrschaft‘.
Diese dauerte bis zum Siege des Megabazos über Beide vier
und halbes Jahr bis 456 oder 455 v. Chr. Nach diesem Siege
war bis 449 an ein Bereisen des im Süden und der Mitte von
den Persern, im Delta von Amyrtaios beherrschten Landes in
Herodot's Weise nicht zu denken. Zwischen 460 und 456 ist

---

[1] Gardner Wilkinson in Rawlinson's Herodotus II, 6.

[2] Wie Stein zu Herodot (1872) S. XV behaupten kann: ‚folglich bleibt für
‚H's egyptische Reise nur die Zeit zwischen 454 und 449 übrig‘, ist mir
unverständlich.

[3] Köhler, Urkunden und Untersuchungen zur Geschichte des attisch-delischen
Bundes (Abhandlungen der Berliner Akademie 1869) S. 121.

[4] Tyrus mindestens scheint er nach II, 44 von Egypten aus besucht zu
haben. Stein (1872), S. XIV lässt ihn wegen des λόγῳ in II, 150 von
der egyptischen Reise nach Assyrien und gar nach dem eigentlichen
Persien kommen, das er schwerlich je betreten hat.

[5] Τὸ μὲν πρῶτον ἐκράτουν τῆς Αἰγύπτου Ἀθηναῖοι I, 109.

2*

unseres Autors Reise aber um dieser Erwägung willen wirklich
mit etwas mehr Wahrscheinlichkeit als nach 449 anzusetzen. [1]
Denn die Landmessungen hatten damals für die Athener ein
practisches militärisches Interesse und die Eingeborenen wohl
Grund und Neigung, die Erforschung des Landes einem be-
währten Freunde des ihnen zu Hilfe gezogenen Volkes zu er-
leichtern.

Anderseits ist es vollkommen gut bezeugt, [2] dass Herodot
an der Vertreibung des Tyrannen Lygdamis von Halikarnassos
hervorragenden Antheil nahm und aus den Tributlisten der
attischen Symmachie erhellt, dass die Stadt bereits im Jahre
454/3 zu derselben als Republik gehörte. Wegen des nachweislich jugendlichen Alters des um 480 geborenen Tyrannen kann
aber die Vertreibung desselben nicht lange vorher stattgefun-
den haben. [3] Da Herodot die Heimath bald nach der gelunge-
nen Befreiung wieder verliess, so würde die egyptische Reise
um 456 [4] angesetzt werden dürfen, wenn sie nicht überhaupt
erst um 448—446 statt hatte.

§. 4. Die Liste der Könige.

Was für uns die ausschliessliche Grundlage altegyptischer
Geschichte bildet, die Reihenfolge der Königsnamen mit Bei-
setzung der Regierungszeiten, muss bei dem neuerlich erwie-
senen [5] gänzlichen Mangel an anderen chronologischen Anhalts-
punkten auch für die Forscher unter den Egyptern selbst den

---

[1] G. Rawlinson's Behauptung (I, 10), sie müsse bald nach Inaros' Sieg
gehören — or he would scarcely have been received with so much cor-
diality and allowed such free access to the Egyptians temples and records
— bleibt deshalb nicht minder unbegründet. Hat doch Hekataios mindestens in Theben die gleiche Freundlichkeit erfahren, wie ja Herodot
selbst II, 143 erzählt.

[2] Kirchhoff, Studien zur Gesch. des griechischen Alphabets. 2. Aufl. 1867. S. 8.

[3] Köhler a. a. O. 108, 183, Kirchhoff, Alphabet S. 9 bringt den schlagen-
den Beweis für Lygdamis' Alter.

[4] Zwischen 460 und 456 angesetzt würde die Vertreibung des Lygdamis
chronologische Schwierigkeiten nicht bieten.

[5] Th. H. Martin, sur la date historique d'un renouvellement de la période
sothiaque (Mémoires présentés par divers savants à l'acad. des inscriptions
et b. l. t. VIII. Paris 1869) 225—293.

gleichen Werth gehabt haben. Wenn, wie doch am wahrschein-
lichsten, die Fragmente des Turiner Verzeichnisses den Zeiten
der neunzehnten Dynastie angehören, so hätte man nächst
demselben in dem Herodot um die Mitte des fünften Jahrhunderts vor Christo vorgetragenen das älteste uns bekannte und
eine Recension der ähnlichen Vorlagen zu erkennen, an deren
Hand Manetho sowohl im Texte als im Registeranhange seines
Werkes arbeitete.

Denn so unschätzbar für die Forschung bei dem jetzigen
Stande des Materiales die Auswahlen anzubetender Könige sind,
welche die Wandschilderungen Tuthmosis III. und Sethos I.
und das Grab des Priesters Tunari bieten, so würden sie doch
kaum anders als antiquarisch in Betracht kommen, wenn uns
der Turiner Papyrus unverletzt oder die jüngere, Herodot vor-
gelesene Liste erhalten wäre.

Aber unser Geschichtschreiber war weit entfernt, dem
ihm vorgetragenen Stücke eine so hohe Bedeutung beizumessen.
Denn seine religiösen Ueberzeugungen standen in unverein-
barem Widerspruche mit der gelehrten Ueberlieferung der
freundlichen Priesterschaft von Theben.

Sie las ihm 341 Namen menschlicher Könige, die vor
Psammitich I.,[1] d. h. mehr als zweihundert Jahre vor Herodot's
egyptischer Reise, regiert hätten. Die thebanische Geistlichkeit
gedachte ihn durch ihr an sich unverwerfliches Zeugniss der
Königsliste und durch die lange Reihe von 345 Holzstatuen
ihrer erblichen Oberpriester zu belehren, dass die griechischen
Dogmen von dem Leben der Götter auf Erden chronologischen
Bedenken unterliegen. Wie aber der edle milesische Forscher,
der viel früher den gleichen Vorstellungen widerstanden hatte, wie
Hekataios seinen eigenen Ahnherrn im sechzehnten Gliede, der
notorisch ein Gott war, als unbestreitbares Exempel gegen die
egyptische Weisheit anführen konnte, so macht Herodot nicht
minder überzeugt chronologische Daten aus griechischer Special-
geschichte geltend.[2] Das wichtigste Argument ist ihm, dass

---

[1] Genauer bis zur Regierung von Sanherib's egyptischem Zeitgenossen, den
Herodot Sethos nennt: ἐς τοῦ Ἡφαίστου τὸν ἱρέα τοῦτον τὸν τελευταῖον
(II, 142). Auf diesen folgt ihm aber unmittelbar (II, 147) die Dodekarchie
mit Psammitich.

[2] II. 142—145, 100, 101.

Osiris, der Vater des letzten Götterkönigs nach egyptischer Lehre, identisch mit Dionysos sei, dessen Geburt ‚vor etwa 1600 Jahren‘, d. h. um 2050 v. Chr. feststehe. Wie mochte er sich daher entschliessen, die 341 Könige zu acceptiren, die ihm, nach Generationen berechnet, die unglaubliche Summe von 11340 Jahren rein menschlicher Regierungen ergaben!

Er schenkte also der Vorlesung jener Namen um so weniger Aufmerksamkeit, als die Priester von der bei Weitem überwiegenden Mehrzahl begreiflicher Weise nichts Erhebliches zu sagen wussten und sich eben auf die Vorlesung ihrer Liste beschränkten.[1] Den 330. Namen nach dem Reichsgründer Mena aber bezeichneten sie ihm als den eben des Königs Moeris, welcher unter Anderem den Ueberschwemmungssee[2] bei dem Labyrinth habe graben lassen und von dem auch die Pyramiden in diesem Wasserwerke herrühren. Nun hatte man ihm freilich, wie im ersten Theile seiner Aufzeichnungen zu lesen ist, dort gesagt (II, 13), dass Moeris ‚vor noch nicht 900 Jahren‘, d. h. um 1350 gelebt habe — wie man etwa dem Diodor das Zeitalter dieses Königs sehr nett auf zwölf Generationen nach dem Erbauer von Memphis bestimmte. Nach Moeris aber wurden Herodot nur noch zehn oder elf Königsnamen bis auf Psammitich verlesen, so dass jede Regierung seit Moeris etwa sechzig Jahre gedauert haben müsste. Es ist nur eine sonderbare Auskunft und keineswegs, wie Perizonius und Niebuhr[3] meinten, eine falsch gelesene Ziffer, wenn er einen dieser Nachfolger, den Zeitgenossen des Aethiopen Sabakôs (um 730 bis nach 710) siebenhundert Jahre vor Amyrtaios, d. h. vor seine eigene Zeit (um 1150) setzt.

---

[1] τῶν δὲ ἄλλων βασιλέων οὐ γὰρ ἔλεγον οὐδεμίαν ἔργων ἀπόδεξιν κατ’ οὐδὲν εἶναι λαμπρότητος II. 101.

[2] ‚Phiôm en mere‘ nach Lepsius Chronologie I, 265 der Anlass zu den Moerisgeschichten, von Brugsch (hist. d'Egypte I, 67) speciell durch Meri ‚See‘ erklärt. Bei dem Reichthum an Königsnamen wäre aber ein derartiges Missverständniss über den König, dem die Tradition noch zu Diodor's (I, 50 flg.) Zeit, d. h. im J. 57 v. Chr. (Lepsius a. a. O. 257), wie zu der Herodot's unter einer Reihe bestimmter Werke auch dieses zuschrieb, kaum verständlich.

[3] Vorlesungen über alte Geschichte I, 82. Herodot hat bei der Ausarbeitung der Erzählung schwerlich auch nur einmal Ziffern gebraucht.

Nur dieser Gleichgiltigkeit gegen die egyptische Tradition ist man denn auch zunächst geneigt es zuzuschreiben, wenn er unmittelbar auf diesen Moeris seinen Sesostris folgen lässt. Es ist vermuthet worden, dass er den nachweislichen Vollender des Ueberschwemmungssees, Amenemhé III., für Moeris gehalten habe; ferner habe er in den demselben vorangehenden drei Osortasen der zwölften Dynastie (deren mindestens zwei ebenfalls nachweislich tüchtige Kriegsfürsten waren, und deren zweiter auch bei Manetho Sesostris heisst), Elemente seines Sesostris gefunden; diese Elemente seien aber aus den Geschichten der neunzehnten manethonischen Dynastie mit dem ähnlich lautenden Königsnamen Sethos I. oder Set Merenphtah und seinem Sohne Ramses Meriamun vermehrt worden. Nun ist unbestreitbar [1] richtig, dass einem so grossen Gelehrten wie Eratosthenes etwa dritthalb hundert Jahre nach Herodot aus ähnlichen mindestens halb religiösen Gründen — indem er einen König der neunzehnten Dynastie mit Hermes Hephäst's Sohne gleich setzte — ein solcher Sprung aus der zwölften in die neunzehnte Dynastie nothwendig schien. Herodot hatte aber gar keinen Anlass zu einem so gelehrten Wagnisse. Denn in die Geschichten seines Sesostris hat er (II, 102—111), wie er wiederholt versichert, einfach nach den Angaben der von ihm befragten Priester, sämmtliche bedeutende Eroberungsgeschichten des egyptischen Reiches, namentlich auch die Züge Thutmosis' III. zu Lande und zur See, neben einer Reihe von Phantasiegebilden seiner Gewährsmänner zusammenziehen müssen. Das Sonderbarste ist vielleicht, dass sie ihm sagten (II, 110), dieser König allein habe auch Aethiopien beherrscht, während wir aus Una's Inschrift [2] mit aller Sicherheit wissen, dass Aethiopien dem kriegerischsten Könige der sechsten Dynastie Merira-Pepi und wohl diesem zuerst gehorchte, zahlreiche andere Inschriften aber darthun, dass es unter der zwölften Dynastie in

---

[1] v. Gutschmid, Beiträge zur Geschichte des alten Orients (Leipzig 1857), S. 3 flgde.

[2] Vic^te de Rougé, recherches sur les monuments qu'on peut attribuer aux six premières dynasties de Manéthon, Paris 1866, p. 123, 143. Zwischen Ausarbeitung und Druck dieser Abhandlung fällt die erschütternde Kunde von dem Hinscheiden dieses herrlichen Forschers am 31. December 1872.

vollem Gehorsame erhalten wurde, unter der achtzehnten nur
ein Vorland weiterer egyptischer Eroberungen in Afrika, und
unter der neunzehnten so sehr ein Stück des Reiches war, dass
Ramses Meriamun's Sohn Merenphthah sich nach Manetho
vor Kriegsgefahren dahin zurückziehen konnte.

Man sieht wohl, dass die thebanische Priesterschaft, da
sie unsern Autor von der Echtheit ihrer Listen nicht zu über-
zeugen vermochte, mindestens, wenn auch zum Theil mit
kecken Erfindungen, seine Wissbegierde über Sesostris befrie-
digte und in gleicher Weise bei seinen Fragen nach einigen
mit Egypten in Beziehung gebrachten Gestalten des homerischen
Liederkreises (II, 118—121) verfuhr.

Wird man nun auch ferner geneigt sein, den angeblich
um 1350 lebenden [1] Moeris, der nur durch zehn Generationen
von seinem i. J. 610 wirklich gestorbenen Nachfolger Psammitich I. getrennt ist, in irgend einer Zeit zu suchen? Den
neugierigen griechischen Barbaren artig abzufertigen, boten ja
hinlängliche Gelegenheit so viele mit Meri oder Meren d. h.
‚geliebt von‘ — beginnende und doch auch an Meri ‚See‘ an-
klingende Königsnamen, deren einige wir eben berührt haben.

§. 5. Die äthiopische Dynastie.

Aus den 341 Königsnamen der priesterlichen Vorlesung
bemerkte sich Herodot eine äthiopische Dynastie: ὀχτωχαίδεχα
μὲν Αἰθίοπες ἦσαν lesen wir (II, 100), nachdem er von den 330
Königsnamen nach Menes gesprochen hat. Er konnte diese
achtzehn aber unter den zehn oder elf nach seinem Moeris
genannten nicht mehr unterbringen. Die Reihe von achtzehn
äthiopischen Königen Herodot's ist in verschiedenen Jahrtausen-

---

[1] Gardner Wilkinson bei Rawlinson II, 141 weiss, dass Merenphtah ge-
gemeint ist, da unter ihm das grosse Ereigniss des Anfanges einer neuen
Sothisperiode ‚B. C. 1322‘ stattfand. Auf diese Bunsensche Erfindung antwortet aber Th. Martin a. a. O. 232, 276 flgde mit Recht:
wenn die in einer sonst fehlerhaften Glosse bei Theons' Commentar zu
Ptolemäus Handtafeln genannte Aera ‚von Menophres‘ wirklich einen
Menschen bezeichne, so noch keineswegs gewiss einen König, wenn
einen König, so schwerlich Menephtah —Bunsen conjicirte Θ für P—, wenn
endlich wirklich Menephtah, so beweise das noch gar nichts für dessen
wirkliche Lebenszeit.

den der egyptischen Geschichte gesucht worden. Wilkinson [1]
entschied im Jahre 1862, dass. sie zur dreizehnten Dynastie
gehören müssten, ohne freilich ahnen zu können, dass im nächsten Jahre 1863 allein Statuen von sieben Königen dieser
Dynastie ausgegraben sein würden, die sich gut egyptisch ‚der
Krokodilgott ist Heiterkeit' d. h. Sebekhotep nannten, und mit einer
noch unbestimmten Reihe von Nofrehotep den Bestand dieser
Dynastie sichern sollten. [2]

Uebrigens kennen wir doch aus egyptischen und ausser-
egyptischen Quellen die Könige der äthiopischen Dynastie gut
genug. Es sind deren aber in allen officiellen Listen nur drei; [3]
denn der vierte König Rudamon, obwohl er seinen Anspruch
durch eine ganz correcte Stele mit Hieroglypheninschrift [4] über
seine zeitweilige Herrschaft in Oberegypten und selbst in
Memphis geltend macht, hat unter den canonischen Königen, [5]
wenn überhaupt, so erst der .folgenden 26. Dynastie einen
zweifelhaften Platz gefunden, wie denn auch sein Nachfolger
Psammitich I. Rudamon's Regierung durchaus ignorirt.

Herodot's Irrthum dürfte sich einfach dadurch erklären,
dass er in seiner thebanischen Aufzeichnung die Zahl der
Aethiopen durch Striche markirte und diese drei Striche bei
der Ausarbeitung für I H d. h. 18 las; denn nach der ver-
kehrten Aufführung von Moeris kann man nicht zweifeln, dass
das Missverständniss von ihm selbst stammt. Das Missverständniss war aber um so leichter möglich, als das zur Zeit von
Herodot's egyptischer Reise in Halikarnassos übliche, und also

---

[1] Rawlinson, Herodotus II, 141.

[2] Brugsch in der Zeitschrift für Erdkunde 1863, XIV.

[3] Manetho's 25. Dynastie bei Africanus und Eusebius (Geo. Syncellus ed.
Bonn. I, 138—140, Eusebi chron. can. t. II. ed. Schöne [1866] p. 82—85),
vgl. unten Anm. 5.

[4] Haigh in der egyptischen Zeitschrift 1869, S. 3 flgde und S. 45.

[5] Vielleicht ist er doch unter dem ersten der irrigen drei Vorgänger von
Psammitichs Vater Necho, dem Vasallen Assyriens in der 26. Dynastie,
bei Eusebius (84 sqq. ed. Schöne) gemeint, wo er Ἀμμέρις Αἰθίοψ, Ameres
Aethiops, Merres Aethiops heisst. Derartiges vermuthet schon Bunsen,
Egypten III, 138. Der Auszug des Africanus (Syncellus 141) lässt auch
diese Namen aus.

wohl auch von ihm gebrauchte Alphabet, wie eine erhaltene Ur-
kunde beweist, für Eta bereits das später üblich gebliebene
dem unsrigen gleiche Zeichen, für Iota aber zwar ebenfalls
das jüngere den Verticalstrich hat, aber durch die Aehnlich-
keit der älteren noch beibehaltenen Form für Zeta (I) den
Schreiber nöthigte, sich bei dem Iota vor jedem Horizontal-
striche oben und unten zu hüten. [1]

Noch ganz anders aber sollte sich Herodot's Ungläubig-
keit der egyptischen Priesterliste gegenüber rächen. Denn in
aller Unschuld erzählt er ganz ausführlich von dem dritten
jener Aethiopenkönige, dessen Eroberungszug nach Westen bis
nach Europa freilich auch von einem so gut unterrichteten
Forscher, wie Megasthenes, mit dem des Sesostris besprochen
werden konnte, [2] und der für die egyptischen Priester ihrem uner-
müdlichen Frager gegenüber in der Sesostrisfigur ohnehin hinlänglich verwerthet erscheinen .mochte.

Von Kyrenäern hörte er, dass sie — nach dem Wort-
laute [3] muss man meinen, die Erzähler selbst — bei einem
Besuche der Orakelstätte des Ammon mit dem Könige der
Ammonier (Ἀμμωνίων II, 32) oder dem Ammonischen (τοῦ
Ἀμμωνίου II, 33) über den obern Lauf des Nil gesprochen haben.
Dieser König führt den kyrenäischem Munde geläufigen Namen
des angeblichen Ahnherrn ihres Königshauses, [4] eines Königs
auf Kreta: Etearchos. Für die stets zu Egypten gehörig gewe-
sene und in der Zeit des alten Reiches wahrscheinlich von dem
Hauptlande noch nicht durch einen so weiten Wüstenstrich
getrennte [5] Oase des Amon wäre nun ein besonderer König
schon wunderlich genug, ein griechischer aber ein wahres
Mirakel, das nur durch das grössere als Vermuthung aufge-

---

[1] Kirchhoff Alfabet 1. Tafel n. 1.

[2] Σέσωστριν μὲν τὸν Αἴγυπτον καὶ Τεάρχωνα τὸν Αἰθίοπα ἕως Εὐρώπης προελθεῖν.
Strabon 15, 686 (957 ed. Meineke).

[3] τάδε μὲν ἤκουσα ἀνδρῶν Κυρηναίων φαμένων ἐλθεῖν τε ἐπὶ τὸ Ἄμμωνος χρηστήριον.
II, 32.

[4] An der ihm in Kyrene erzählten Geschichte (II, 154 sq.) hatte Herodot
mindestens über den Ursprung des Namens Battos begründete Zweifel.

[5] Ueber diese Frage Näheres bei Chabas, les papyrus hiératiques de Berlin
1863, p. 35 flgde.

stellte erklärt werden könnte, die Kyrenäer hätten einmal die
Oase erobert. [1]

Herodot nennt jedoch selbst noch ein anderes Orakel des
Amon oder Zeus: das in Meroë (II, 29). Nach den Sprüchen desselben, sagt er, und in der von dem Gotte bezeichneten Rich-
tung gehen die Aethiopen in den Krieg. Dass es hier in Napata Könige genug gegeben hat, steht ausser Frage. Von dem
kyrenäischem Munde geläufigen Worte Etearchos braucht man
aber nur den Anfangslaut zu streichen, um den Namen des
Königs zu erhalten, von dem in Napata und in Theben Inschriften und bildliche Darstellungen erhalten sind, den Namen
des dritten Königs der äthiopischen Dynastie, der hieroglyphisch
Thrk, d. h. Tehark, in den assyrischen Keilschriften Tearko,
von Manetho Tarkos oder Tarakos, von Megasthenes Tearkon, von
Eusebius Tarakos, von Hieronymus Tarachus, und in der Bibel ungenau hebräisch Thirhaka, griechisch Tharaka geschrieben wird. [2]

Erwägt man nun, dass Megasthenes diesen äthiopischen
König von Egypten, wie oben bemerkt, gleich Sesostris, d. h.
diesmal gleich der Zeit Thutmosis III. und seiner nächsten
Nachfolger, Nordafrika erobern lässt, so ist selbstverständlich,
dass Tehark auch über Kyrene gebot. Wenn aber dortige Be-
wohner zu dem Orakel zogen, welches die Kriegszüge dieses
Königs anordnete, so werden wir das nicht eben auffallend
finden.

Wenn sonach unzweifelhaft ist, dass an den beiden er-
wähnten Stellen statt Ἀμμωνίων und Ἀμμωνίου vielmehr Αἰθιόπων
und Αἰθίοπος zu lesen ist, so muss ich doch wie oben S. 568
Anderen zu entscheiden überlassen, ob das Missverständniss
Herodot oder einem Abschreiber zur Last fällt; doch neige ich
zu der ersten Annahme, da Herodot die Begebenheit für eine
durchaus zeitgenössische gehalten zu haben scheint.

Immerhin kann man sich darüber wundern, dass Herodot
(II, 41) sich den zweiten Aethiopenkönig — in den Listen Se-
bichos, in der That der zweite Saba oder Seve — als Sethos

---

[1] Probably from this Oasis having been conquered by the Cyrenaeans. Wilkinson l. l. II, 43 n.

[2] Oppert, rapports de l'Egypte et de l'Assyrie (1869 mém. de l'acad. VIII ª)
563 bringt die Literatur des Namens erschöpfend.

und einen Priester des Phthah vorführen liess. Denn Set's oder Sutech's Namen hätte ihn an Typhon erinnern sollen und ward von Königen Egyptens nur der neunzehnten Dynastie geführt, aber seit der zwanzigsten Dynastie,[1] da er nur noch als ein semitischer Gottes- und daher als Feindesname erschien, geflissentlich gemieden. Bemerkenswerth ist aber, dass Herodot sich einen solchen Namen als den letzten vor der Dodekarchie auibinden lies.

§. 6. Die Pyramidenkönige.

Am übelsten haben vielleicht unserem trotz alledem gleich bewunderungswürdigen Autor Irrthum und Erfindung seiner Berichterstatter in den Geschichten der Pyramidenkönige mitgespielt.

Wir sind nun doch über diese Epoche egyptischer Geschichte aus durchaus gleichzeitigen schriftlichen Quellen und aus den erhaltenen Denkmalen und Statuen so gut unterrichtet, dass spätere Berichte, wie der Herodot's, uns nur vereinzelte Ergänzungen bieten können. Aber eben der besonnene neueste Forscher, dessen erschöpfender Arbeit über die Geschichte der sechs ersten Dynastien wir zu so grossem Danke verpflichtet sind, eben der Vicomte de Rougé hat doch gleich allen Vorgängern der handgreiflichsten unter den Täuschungen der Pyramidenmärchen, der von dem Baue des ‚Chut‘ (der grossen Pyramide), warmen Glauben geschenkt.[2]

Um die Unmöglichkeiten gleich hier zu beginnen, so wird doch heutzutage schwerlich ein Kenner des egyptischen Alterthumes glauben können, dass auf irgend einer Pyramide der Preis der Arbeitslöhne ihrer Erbauung gestanden habe. Und vollends die Auszahlung derselben! Lange nach der Erbauung des Chut unter dem sechzehnten Nachfolger des in ihm begrabenen Chufu, unter Merira-Pepi commandirte Una die aus Egyp-

---

[1] Ramses III. aus der 20. hat Set zuletzt im Wappen. Bunsen, Egypten IV, 243. — Englische Forscher (Rawlinson five mon. II 167) haben übrigens für H's Sethos auch an den Ζήτ der 23. Dynastie errinnert.

[2] P. 42: Les historiens grecs entendaient encore l'écho des malédictions que les travaux nécessaires pour la construction d'un si prodigieux tombeau avaient du amasser sur la tête de Chufu et dont le souvenir ne put jamais s'effacer.

tern und Negern gegen die Herusha gebildete Armee und erzählt, dass er an seine Truppen ‚Lebensmittel und Schuhe‘ vertheilt habe.[1] Aber die Gattung der Lebensmittel — ‚Rettige und Zwiebeln und Knoblauch‘, wie uns Herodot's (II, 125) Dolmetscher die Nahrung der Frohnarbeiter an dem grossen Grabmal schildert — erfahren wir natürlich nicht. Bei einer Armee war es wichtig, ihren Bestand zu kennen; Una weiss nur, dass er tebu ašu ‚viele Myriaden‘ commandirt hat (Rougé 127), während Herodot's Dolmetscher an der Umkleidung des Chut abliest oder doch erzählt (II, 124), dass je 100,000 Menschen sich alle drei Monate für den Bau der Chaussée und des Monumentes dreissig Jahre lang abgelöst haben. Das Schönste ist aber doch eben der Preis ihrer Unterhaltung: Herodot hält selbst für nöthig, ausdrücklich zu versichern, dass er sich der Worte seines Interpreten wohl erinnere (ὡς ἐμὲ εὖ μεμνῆσθαι τὰ ὁ ἑρμηνεύς μοι ἐπιλεγόμενος τὰ γράμματα ἔφη), ehe er berichtet, dass 1600 Talente Silber für diese ziemlich einfache Kost verausgabt worden seien. Er gibt dem Leser redlich zu bedenken, wie viel erst noch die Instrumente, Kleidung und Ernährung für die Handwerker (ἐργαζομένοισι) und die vorbereitenden Arbeiten für den Bau gekostet haben mögen.

Sechzehnhundert Talente Silber! Wann haben egyptische Könige des alten Reiches Lebensmittel für ihre Bauleute kaufen müssen und bei wem? War nicht die ganze Masse der Beherrschten im Zustande von Sclaven (hon) gegenüber den Priester-Kriegern, ‚den Hellfarbigen (ami)‘?[2] Bereits unter dem vierten Könige nach Chufu unter Aseskaf wird das Amt eines ‚Aufsehers über alle Mundvorräthe‘ als eines der wichtigsten genannt (Rougé 68), da einer der höchsten Beamten, ein Eidam des Königs, zu demselben berufen ist. Auch Chufu kann über die Früchte des Landes nur frei verfügt haben.

Wir haben es aber mit einer Rechnung nach Talenten und damit mit ihrem Sossostheile, der Mine, eines bei den Egyptern des alten Reiches so seltenen Edelmetalles, wie des Silbers zu thun. Denn wie das Electrum wird Silber ‚hat‘ durch das hienach viel ältere Zeichen für Gold ‚nub‘ determinirt, so dass mit

---

[1] Rougé 125.
[2] Ebers, Egypten und die Bücher Moses' (Leipzig, 1868) S. 52.

seinem Namen ,ursprünglich wol „das weisse Gold" gemeint
gewesen ist', und dass sein Werth von dem des Goldes lange
wenig verschieden war.[1] Eine Berechnung beider Edelmetalle
nach Talenten ist aber erst lange Jahrhunderte nach dem Erbauer des Chut, vielleicht durch die Hyksos, gewiss jedoch erst
bei den Zügen der achtzehnten Dynastie nach Syrien und Me-
sopotamien, wo dieses chaldäische Gewichtssystem bereits einge-
führt war, den Egyptern bekannt geworden. Das beweisen die
schwerfälligen Umrechnungen der dortigen Tribute Thotmess III.
im egyptische Pfunde und Lothe hinlänglich.[2] Dass zur Zeit
der Pyramidenerbauung die Edelmetalle überhaupt einen be-
stimmten Werth gehabt haben, ist mehr als zweifelhaft, gewiss
aber, dass officiell nie nach einem solchen gerechnet wurde.
Und so häufig und genau die Würdenträger in ihren Gräbern
von Ehren und Gütern und Frauen sprechen, die ihnen der
Könige Gnade verliehen habe, von Beträgen in Gold und gar
in Silber ist schwerlich auch nur einmal vor der zwölften Dynastie,[3] und von Geld in unserm und Herodot's Sinne natürlich
niemals die Rede.

    Vollkommen wird der Widersinn der ganzen erlogenen
Inschriftübersetzung[4] aber erst, wenn man sich vorstellt, dass
ein Gegenstand so profanen, ja gemeinen Inhaltes dem Be-
schauer der Aussenseite eines solchen Werkes hätte entgegen

---

[1] Lepsius, die Metalle in den egyptischen Inschriften (Abhandlungen der
Berliner Akademie 1871) 49, 116, 51. Dass übrigens auch Silber aus
Nubien, und wohl von dort zuerst, nach Egypten kam, zeigt Dümichen
(Egyptische Zeitschrift 1872) 44—46.

[2] Joh. Brandis, Münz-, Mass- und Gewichtssystem Vorderasien's bis auf
Alexander den Grossen. (Berlin 1866), S. 93 flgde.

[3] Brugsch, hier. dem. Wörterbuch III, 748 hat als ältestes Citat die Erwähnung von Goldgegenständen im Grabe Amenis zu Benihassan unter
Osortasen II. Lepsius a. a. O. 31 bemerkt, wie hier noch das Gold
durch Abbildung der Goldwäsche versinnlicht ward, deren Zeichen später
nicht verstanden zu sein scheint; er hält übrigens den Gewinn von Gold
im Thale von Hamamat (S. 37) schon unter Chufu für denkbar. Rougé
freilich führt von dort keine Inschriften aus der Zeit dieses Königs an.

[4] Diodor I, 64 wurde wenigstens nicht mit einer solchen behelligt, und
erfuhr nur im Allgemeinen, dass 360,000 Menschen kaum in 20 Jahren
das Werk beendet hätten und gesteht im Uebrigen (I, 65), dass über
den Pyramidenbau in keinem Punkte οὔτε παρὰ τοῖς ἐγχωρίοις οὔτε παρὰ
τοῖς συγγραφεῦσι Uebereinstimmung herrsche.

treten sollen. Denn im eminenten Sinne religiösen Ideen diente
die Pyramide, da sie mit dem Leibe eines der gottgleichen
Könige des Landes die Existenz dieses immerlebenden Horus
sichern sollte, eines Königs dazu, der noch nach einer langen
Reihe von Jahrhunderten seinen eigenen Cult und Propheten
hatte. [1]

Nach Herodot freilich ging Cheops' Bosheit (κακότης, II,
124, 126, 128)[2] so weit, dass er alle Religionsübung verbot
und darin habe ihm sein angeblicher Bruder und Nachfolger
Chephren nachgeahmt — in der That sind freilich Chufu's und
Schafra's lange Regierungen durch die Ratutf's getrennt.

Genau das Gegentheil berichten über diese religiöse Frage
die Denkmale: ‚Seiner Mutter Isis und der Hathor errichtete
(Chufu) eine Säule mit Inschrift und gab ihr ein Landgebiet
von Neuem. Er baute ihren Tempel aus Stein und setzte
die Götter an ihren Platz' (Rougé 47). Man kann nicht zweifeln, dass das Alles wörtlich genau angegeben ist, auch in der
Beziehung, dass man Chufu wie seine nächsten Nachfolger
durchaus als Architecten-Könige zu betrachten und demgemäss
die Titel ihrer Söhne und vornehmsten Hofbeamten ‚Director
der Arbeiten' oder, wie bei Chufu's Sohn Hata, ‚des Geheim-
nisses aller Arbeiten' oder ‚aller Arbeiten, welche es dem
Könige zu verfertigen beliebte' für getreuen Ausdruck ihrer
Beschäftigungen zu halten hat.

Dem entspricht eine andere hieher gehörige Inschrift
(Rougé 46): ‚Chufu . . erfand den Tempel der Isis, der Re-
gentin der Pyramide, neben dem Tempel der Sphinx'. Er war
ausserdem ein Verehrer des später gering geschätzten Anubis.
Nach Allem kann man es nicht befremdlich finden, wenn eine
Dame dieser Zeit (Rougé 52) den Namen ‚Chufu geliebt von
den Göttern' (Chufu-mernuteru) führt.

Aehnliches lässt sich von Schafra sagen: seine von Ma-
riette entdeckten Statuen weiht er dem Gotte Harmachu im
Sphinxtempel, seinen ältesten Sohn Raenkau ernennt er zum

---

[1] Rougé, six prem. dyn. 53, 48.
[2] Irrig vergleicht Stein (1872, I^b, 142) die κακότης in III, 82, wo sie
schlechte politische, und in VII, 168, wo sie schlechte patriotische Ge-
sinnung bezeichnet.

‚Chef der Geheimnisse des Anbetungshauses‘, seine Hauptge-
mahlin Merisanch zur Priesterin des Gottes Thoth.

Auf so ganz freier Erfindung aber, wie man an diesem
Punkte unserer Untersuchung annehmen sollte, beruhen keineswegs alle die Geschichten von der Bedrückung des Volkes und
der ‚Bosheit‘ gewisser, wenn auch entfernt nicht der Pyramiden-
Könige. Herodot gibt uns selbst den Schlüssel und zwar in
doppelter Gestalt.

Am Ende seines Berichtes sagt er nämlich ganz uner-
wartet: Die Egypter sprechen aus Hass nicht gern von diesen
Königen ‚und nennen auch die Pyramiden nach dem Hirten
Philitis, der um diese Zeit in diesen Gegenden sein Vieh wei-
dete‘. Wir haben es mit anderen Worten mit einem der ‚Hirtenkönige‘, wie Manetho [1] das Wort Hyksos übersetzt, zu thun.
Von dem ersten Gesammtkönige derselben Salatis berichtet
er aber, dieser habe in Memphis residirt, von Ober-, wie Un-
teregypten Tribut eingezogen, [2] im Sommer aber seinem Heere
von der Grenzfeste Avaris d. h. Pelusium [3] aus ‚Getraide zu-
getheilt und den Sold gewährt‘. [4] Beides, der Druck des Volkes und die Lohnzahlung, von denen Herodot erzählt hatte,
wird hier gut genug bezeugt, wenn auch in sehr fremdem Zusammenhange. An der Identität von Philitis mit diesem in der
authentischeren armenischen Uebersetzung des Josephus Silitis [5]
genannten Hyksoskönige wird man aber um so weniger zweifeln
dürfen, als die Erinnerung an ‚Set Salati‘ ‚den guten Gott,
den Stern beider Welten, den Sohn der Sonne‘ durch Statuen
und Inschriften, deren je eine auch auf uns gekommen ist, [6] den
Egyptern lebendig erhalten wurde. In der That hat derselbe
nach Herodot's Worten in der Landschaft — κατὰ τὰ χωρία —
der Pyramiden, nämlich in Memphis, gelebt.

---

[1] Die beste Edition dieses einzigen echten Stückes von Manetho's Text
(aus Josephus c. Apion I, 14—27) bringt Bunsen, Egyptens Stellung III.
Urkundenb. 42.

[2] Οὗτος ἐν τῇ Μέμφιδι κατεγίνετο τήν τε ἄνω καὶ κάτω χώραν δασμολογῶν.

[3] Brugsch in der egyptischen Zeitschrift 1872, S. 19.

[4] — σιτομετρῶν καὶ μισθοφορίαν παρεχόμενος.

[5] Bunsen a. a. O. S. 42, Anm. 6.

[6] Vgl. Ebers 202.

Inzwischen ist noch ein anderes, derselben Hyksosepoche angehöriges Element unserem Geschichtschreiber in seine Erzählung von den Pyramidenkönigen eingefügt worden. Cheops, sagt er (II, 124), ‚schloss die Tempel zunächst, um alle Egypter an den Opfern zu hindern, dann um sie für sich arbeiten zu lassen‘. Während Cheops' und seines Bruders ganzer Regierung hundert und sechs Jahre lang, sagt er später (II, 128) habe diese ‚Bosheit‘ gedauert und seien ‚die Tempel geschlossen und nicht geöffnet worden‘.

In der That berichtet dem Entsprechendes ein so unverwerfliches Actenstück, wie Papyrus Sallier n. I., von dem letzten in Egypten anerkannten Hyksoskönige Apepi oder Apophis, von eben dem Könige also, gegen welchen die Egypter unter Raskenen sich zuerst mit Glück erhoben, wie Hauptmann Ahmes in seiner Autobiographie so anschaulich erzählt. ‚König Apepi‘, meldet der Papyrus, ‚erwählte sich Gott Set zum Herrn und diente keinem andern Gott, welcher in Egypten war‘. Da sein Gesandter die ausschliessliche Anerkennung Set's auch von Raskenen in Oberegypten gefordert zu haben scheint, — denn ganz sicher ist der Inhalt der Botschaft noch nicht festgestellt — befragte dieser eine Notablenversammlung. ‚Siehe‘ ‚man rief mit éinem Munde: grosse Bosheit ist das‘. [1]

Die Verdrängung der egyptischen Culte und die ‚Bosheit‘ des Königs sind sonach auch klar genug.

Um aber jeden Zweifel zu heben, gibt Herodot (II, 128) als Gesammtzahl dieser bösen Regierungen ‚nach egyptischer Rechnung 106 Jahre‘ — selbstverständlich, da er Cheops fünfzig und dessen Bruder sechsundfünfzig Jahre zutheilt. Die Betonung der Summe erklärt sich aber, wenn man in Eusebius' Auszuge aus Manetho [2] liest, dass die siebzehnte, aus den ein-

---

[1] Uebersetzung von Ebers I, 205 flgde.

[2] Bei Hieronymus (ed. Schöne 16) 103 (Var. 104) Jahre; bei dem Synkellos (I, 114 sq. ed. Bonn) auch 103, eine Variante Goar's aus cod. A, bei Bunsen 26, gibt aber dem zweiten Könige 43 statt 40, damit Allen gerade 106 Jahre. Wenn übrigens der Synkellos den hier ganz unbrauchbaren Aufstellungen des Africanus, um den Josefmythus (vgl. Sitzungsber. November 1872, S. 27) chronologisch unterzubringen, den Vorzug gibt und Eusebius wacker schilt, so ist das heiter genug. Dass ihm aber Scaliger's Genius (Syncel. II, 388), neuerlich Bunsen (Egypten IV, 15) und Andere nachschreiben konnten, ist beklagenswerth.

zigen[1] in Egypten canonisch anerkannten vier Königen der
Hirtenfürsten bestehende Dynastie eben hundert und drei, vier
oder sechs Jahre regiert habe; die Namen dieser vier Könige
muss freilich Herodot bei der vergeblichen Priestervorlesung auch
gehört haben. Gegenseitig bestätigen sich hiemit aber nicht nur
Herodot und Eusebius, sondern Beide beweisen aufs Neue die
Genauigkeit Manetho's in jenem einzigen, authentisch auf uns
gekommenen Texte.[2] Denn wie verderbt auch sonst die Zahlen
überliefert sind, die 106 Jahre enden auf alle Fälle innerhalb
der Regierung des Apophis.[3]

Hat sich nun gezeigt, dass die hasserfüllte Erinnerung an
die semitischen Herrscher sich an den unverständlich gewor-
denen Wunderbauten der Vorzeit bei den Egyptern des fünften
Jahrhunderts fixirt hatte, so macht auch die verwunderliche
Geschichte von Cheops' Tochter (II, 126), die für ihren geld-
bedürftigen Vater schmählich erworben habe, keine Schwierig-
keit mehr. Denn in dem schmählichen Dienste der Bilit,[4] oder
in griechischer Umformung Mylitta, waren die Frauen, wie
unser Autor selbst aus Babylon (I, 199) berichtet, in der That
religiös verpflichtet, ein Geldstück zu nehmen. Herodot's Be-
richt von Cheops' Tochter dürfte aber ein Zeichen sein, dass
auch dieser Dienst unter den Hyksos in Egypten üblich war.

---

[1] Deshalb betont Manetho a. a. O.: πέρας μὲν βασιλέα ἕνα ἐξ αὐτῶν ἐποίησαν
und οὗτοι μὲν ἓξ ἐν αὐτοῖς ἐγενήθησαν πρῶτοι ἄρχοντες. Aber nur die vier
ersten sind canonisch anerkannt; die beiden letzten gehören in die Kampf-
epoche.

[2] Das nächstfolgende Excerpt erweist sich daher schon durch den wider-
sinnigen Zusatz zu der Erwähnung der sechs Hirtenkönige καὶ τοὺς ἐξ
αὐτῶν γενομένους als verdächtig.

[3] Die beiden ersten Könige haben (Bunsen III, Urk. 43) nach der armenischen Uebersetzung 15+43=58, nach unserem griechischen Text 19+
44=63 Jahre, der dritte in beiden 36 J. und 7 Monate = 94 oder 99 J.
und 7 Mon. Der vierte König ist eben Apophis mit 61 Gesammtjahren;
dass er seit dem Beginne des Krieges durch Raskenen nicht mehr als
legitimer König gezählt ward, scheint selbstverständlich.

[4] Schrader, die Keilinschriften und das alte Testament (Giessen, 1872), S. 82.